BEI GRIN MACHT SICH IHR WISSEN BEZAHLT

- Wir veröffentlichen Ihre Hausarbeit, Bachelor- und Masterarbeit

- Ihr eigenes eBook und Buch - weltweit in allen wichtigen Shops

- Verdienen Sie an jedem Verkauf

Jetzt bei www.GRIN.com hochladen und kostenlos publizieren

Bibliografische Information der Deutschen Nationalbibliothek:

Die Deutsche Bibliothek verzeichnet diese Publikation in der Deutschen Nationalbibliografie; detaillierte bibliografische Daten sind im Internet über http://dnb.d-nb.de/ abrufbar.

Dieses Werk sowie alle darin enthaltenen einzelnen Beiträge und Abbildungen sind urheberrechtlich geschützt. Jede Verwertung, die nicht ausdrücklich vom Urheberrechtsschutz zugelassen ist, bedarf der vorherigen Zustimmung des Verlages. Das gilt insbesondere für Vervielfältigungen, Bearbeitungen, Übersetzungen, Mikroverfilmungen, Auswertungen durch Datenbanken und für die Einspeicherung und Verarbeitung in elektronische Systeme. Alle Rechte, auch die des auszugsweisen Nachdrucks, der fotomechanischen Wiedergabe (einschließlich Mikrokopie) sowie der Auswertung durch Datenbanken oder ähnliche Einrichtungen, vorbehalten.

Impressum:

Copyright © 2018 GRIN Verlag
Druck und Bindung: Books on Demand GmbH, Norderstedt Germany
ISBN: 9783668685246

Dieses Buch bei GRIN:

https://www.grin.com/document/420580

Patrick Raese

Wie äußerten sich jüdische Autoren zum Nationalsozialismus innerhalb der deutschen dramatischen Exilliteratur?

Am Beispiel "Professor Mamlock" von Friedrich Wolf

GRIN Verlag

GRIN - Your knowledge has value

Der GRIN Verlag publiziert seit 1998 wissenschaftliche Arbeiten von Studenten, Hochschullehrern und anderen Akademikern als eBook und gedrucktes Buch. Die Verlagswebsite www.grin.com ist die ideale Plattform zur Veröffentlichung von Hausarbeiten, Abschlussarbeiten, wissenschaftlichen Aufsätzen, Dissertationen und Fachbüchern.

Besuchen Sie uns im Internet:

http://www.grin.com/

http://www.facebook.com/grincom

http://www.twitter.com/grin_com

Facharbeit zum Thema

Wie äußerten sich jüdische Autoren zum Nationalsozialismus innerhalb der deutschen dramatischen Exilliteratur?

Am Beispiel „Professor Mamlock"
von Friedrich Wolf

verfasst von

Patrick Raese

Leistungskurs Deutsch
Qualifikationsphase 1
Abgabetermin: 22.3.2018

Inhaltsverzeichnis

1. Einleitung	3
2. Biografie des Autors	3
3. Inhaltsangabe des Dramas	4
4. Figurenentwicklung	5
4.1 Professor Hans Mamlock	5
4.2 Dr. Hellpach	6
4.3 Dr. Inge Ruoff	6
4.4 Rolf Mamlock	6
5. Handlung im Bezug zum politisch- historischen Kontext	7
5.1 Definition Zweiter Weltkrieg	7
5.2 Definition Nationalsozialismus	7
5.3 Handlungselemente, die explizit gegen den Nationalsozialismus gerichtet sind	8
5.3.1 Damit einhergehende Kritik des Autors	9
6. Résumé	10
6.1 Persönliches Fazit	10
6.2 Sollte dieses Drama Teil des Fachcurriculums Deutsch werden?	11
7. Literaturverzeichnis	12
7.1. Bücher	12
7.2 Internet	12
7.3 Sonstige	13

1. Einleitung

„Denn kein größeres Verbrechen gibt es als nicht kämpfen wollen, wo man kämpfen muß!!"[1]

Der Nationalsozialismus ist Teil der deutschen Geschichte. Zur damaligen Zeit passierte auf der Welt vieles, wofür man sich selbst heute nur schämen kann. Doch man darf es nicht unausgesprochen lassen. Wertzuschätzen, sogar zu bewundern, ist insbesondere der Mut, den manch ein Zeitzeuge hatte, sich dem nationalsozialistischen, faschistischen und antisemitistischen Gedankengut entgegenzustellen.

Diese Wertschätzung bringe ich den Schriftstellern, die damals entschlossen genug waren, Hitlers Massenmord zu stoppen, in dieser Facharbeit entgegen. Ihr Ziel war es, die Bevölkerung zu ermutigen, einen Widerstand zu bilden, ihnen zu verdeutlichen *„wo man kämpfen muß"*[2], um dem NS-Terror ein Ende zu bereiten.

Einer dieser Schriftsteller war Friedrich Wolf, der mit seinem Drama „Professor Mamlock" genau dieses Ziel verfolgte und ihm gelang es, viele Leser von seiner Intention zu überzeugen. Er war einer der bedeutendsten Hitler-Gegner in der deutschen dramatischen Exilliteratur.

2. Biographie des Autors

Friedrich Wolf wird am 23. Dezember 1888 in Neuwied am Rhein als Sohn des jüdischen Kaufmanns Max Wolf und seiner Frau Ida Wolf geboren.

Nachdem Wolf 1907 erfolgreich sein Abitur ablegt, fasst er den Entschluss Medizin zu studieren.

1913 tritt er aus seiner jüdischen Gemeinde aus, fokussiert sich daraufhin noch mehr auf die Literatur und versucht sich an ersten Dramen.

---

[1] Wolf, Friedrich: Professor Mamlock, S. 68 f.
[2] ebd.

Zu Beginn des ersten Weltkrieges wird Wolf rekrutiert und leistet seinen Dienst als Truppenarzt an der Westfront. Geprägt durch die Erfahrungen, die er an der besagten Front macht, durch die ständige Konfrontation mit Leid, Schmerz, Verlust und Tod, wird er zum Kriegsgegner.

1918 kehrt Wolf als Kriegsdienstverweigerer zurück nach Deutschland.

1933, also kurz nach der Machtergreifung Adolf Hitlers, müssen Wolf und seine Familie aus Deutschland fliehen, da Wolf ja bekanntlich jüdischer Abstammung ist. Die Emigration führt den Schriftsteller bis zu der bretonischen Insel Brehát. Dort vollendet er dann am 01.07.1933 die zuvor geheim gehaltene Arbeit an seinem Drama „Professor Mamlock".

Anfang 1934 geht Familie Wolf dann ins Exil nach Moskau.

Im Jahre 1939, kurz nach Ausbruch des Zweiten Weltkrieges, findet die Verhaftung und die anschließende Internierung von Friedrich Wolf statt. Besagte Internierung erflogt im Konzentrationslager Le Vernet. Bis zum Jahre 1941 wird Wolf festgehalten, bis die Freilassung durch Intervention der UdSSR erfolgt. Anschließend kehrt Wolf zurück zu seiner Familie nach Moskau.

Die lang ersehnte Rückkehr nach Deutschland erfolgt 1945 nach Kriegsende.

Doch das, nach eigenen Aussagen, wichtigste Ereignis in seinem schriftstellerischen Leben ist die Erstaufführung von „Professor Mamlock" in Deutschland. 1949 erhält Wolf dafür sogar den Nationalpreis.

Am 05. Oktober 1953 stirbt Friedrich Wolf an den Folgen eines Herzinfarktes in seinem Arbeitszimmer in Lehnitz. Kurz darauf wird er in Berlin beigesetzt.

3. Inhaltsangabe des Dramas

Das Drama spielt in einer deutschen Großstadt zu Beginn des Jahres 1933. Hauptperson ist der jüdische Professor Hans Mamlock, welcher eine chirurgische Klinik leitet. Er hat keinerlei Interesse an der Politik, auch die gerade an Macht gewinnenden Nationalsozialisten und deren Nationalsozialistische Deutsche Arbeiterpartei, kurz NSDAP, haben für Mamlock keine weitere Bedeutung. Direkt zu Beginn des ersten Aktes wird außerdem deutlich, dass er sich nicht mit dem Kommunismus anfreunden kann, da er zwar die Verletzungen eines kommunistischen Patienten behandelt, doch kein Verständnis für dessen politische Ausrichtung zeigt. Dies wird erneut deutlich, als er seinem Sohn, Rolf Mamlock, Hausverbot erteilte, da dieser sich den Widerstandskämpfern angeschlossen hatte. Auch seiner Tochter Ruth glaubt er nicht, als diese erzählt, man habe sie der Schule aufgrund der jüdischen Abstammung verwiesen[3].

Sein Glaube an ein funktionierendes Rechtssystem verliert er erst, als Mitglieder der Sturmabteilung ihn zwingen seine Arbeit niederzulegen. Nachdem ein einflussreicher Unternehmer dafür sorgt, dass er wieder praktizieren darf, erhält er jedoch die Anweisung, eine Entlassungsliste der anderen jüdischen Mitarbeiter zu unterschreiben[4]. Der Professor weigert sich und es kommt zu einer Auseinandersetzung mit dem kommissarischen Leiter Dr. Hellpach. Im Verlauf dieser Konfrontation unterstützt die Ärztin Inge Ruoff, eigentlich ein überzeugtes Mitglied der NSDAP, Mamlock. Aber Mamlock sieht für sich keinen anderen Ausweg mehr und wählt den Freitod[5].

Der Inhalt und der Aufbau des Dramas entspricht der Freytag´schen Dramentheorie. Dies wird beispielsweise in Akt vier deutlich, da dort die Katastrophe geschieht, welche sich kurz nach dem retardierenden Moment befindet.

4. Figurencharakteristik und -entwicklung

4.1 Professor Hans Mamlock

Professor H. Mamlock ist ein jüdischer Arzt, dessen höchstes Ziel es ist, seinen Patienten zu helfen. Er ist Leiter der Klinik und Chefarzt der chirurgischen Station. Er wird von seiner Familie als ein typisch deutscher Intellektueller und als überzeugter Hindenburgwähler beschrieben. Später zeigt sich, dass er klarer Gegner der Rassentrennung ist. Nach seinem Kriegsdienst wird er zum Kriegsgegner, doch am Ende

---

[3] Vgl. http://www.defa-stiftung.de/DesktopDefault.aspx?TabID=412&FilmID=Q6UJ9A002LRL (Zugriff: 01.03.2018)

[4] ebd.

[5] ebd.

erkennt er, dass „*man kämpfen muß!!*"[6]. Er sieht keinen Ausweg mehr aus seiner Situation und begeht Suizid.

Die Entwicklung Mamlocks ist erstaunlich, denn der Rezipient kann einen eindeutigen Sinneswandel erkennen. Noch zu Anfang des Dramas verurteilt Hans seinen Sohn Rolf dafür, dass dieser kämpfen will, *„In deinen Jahren (...), da will man die Welt auf den Kopf stellen, doch warte mal (...) zehn Jahre, dann wirst du den Menschen gegenübertreten, nicht mit Bomben und Parolen, sondern mit Erkennen und Verstehen."*[7], doch später sieht er nur noch den Kampf als Lösung, damit man die Nazis aufhalten kann.

4.2 Dr. Hellpach

Dr. Hellpach ist ein typischer Faschist. Er hat die Ideale der NSDAP vollkommen verinnerlicht und sieht Juden als minderwertig an, da sie keine arisch-germanische Abstammung haben.

Eine Entwicklung ist bei Dr. Hellpach nicht erkennbar. Wolf beschreibt ihn als einen *„Faschist[en] durch und durch (...)."*[8]

4.3 Dr. Inge Ruoff

Die Assistenzärztin Inge Ruoff wirkt zunächst auch so, als sei sie eine typische Faschistin, doch bei ihr liegt der Fokus eindeutig auf der Entwicklung innerhalt der Dramenhandlung. Zu Anfang befürwortet sie alle Ideale der Partei, das Anzweifeln dieser kommt für sie nicht in Frage. Im vierten Akt ist sie jedoch auf der Seite von Mamlock und hat somit ihre Meinung grundlegend geändert. *„Machen sie die Augen auf (...)!"*[9], mit diesen Worten verteidigt sie Professor Mamlock vor Dr. Hellpach und wird dafür anschließend verhaftet. Diese Figur soll also zeigen, dass jeder in der Lage ist, seine

---

[6] Wolf, Friedrich: Professor Mamlock, S. 68 f.
[7] Wolf, Friedrich: Professor Mamlock, S. 23
[8] Pollatschek, Walter: Friedrich Wolf, S. 193
[9] Wolf, Friedrich: Professor Mamlock, S. 70

politische und persönliche Einstellung zu überdenken, sie zu hinterfragen und auch zu ändern.

5. Handlung im Bezug zum politisch- historischen Kontext

5.1 Definition Zweiter Weltkrieg

„Der Zweite Weltkrieg von 1939 bis 1945 war der zweite global geführte Krieg sämtlicher Großmächte des 20. Jahrhunderts und stellt den bislang größten militärischen Konflikt in der Geschichte der Menschheit dar. (...) Direkt oder indirekt waren über 60 Staaten am Krieg beteiligt, über 110 Millionen Menschen standen unter Waffen. Die Zahl der Kriegstoten liegt zwischen 60 und 70 Millionen. (...) Er war gekennzeichnet unter anderem durch Blitzkriege, Flächenbombardements, den bisher einzigen Einsatz von Atomwaffen sowie durch [den] Holocaust (...)."[10]

5.2 Definition Nationalsozialismus

„Unter Nationalsozialismus (NS) versteht man die völkisch-antisemitisch-nationalrevolutionäre Bewegung in der Zwischenkriegszeit, die sich in D[eutschland] als Nationalsozialistische Deutsche Arbeiterpartei (NSDAP) organisierte und die unter der Führung Hitlers in D[eutschland] von 1933 bis 1945 eine totalitäre Diktatur errichtete. (...) Der NS stellt innerhalb der europäischen Faschismen aufgrund seines Rassenantisemitismus und seiner Vernichtungspolitik die radikalste Variante dar. Die Geschichte der NSDAP unterteilt sich in die sogenannte Bewegungsphase (1919-1933) und die Regimephase (1933-1945). Ihr Weg zur Macht (...) folgte (...) keinem ausgefeilten politischen Konzept oder einer politischen Zwangsläufigkeit."[11]

---

[10] https://de.wikipedia.org/wiki/Zweiter_Weltkrieg (Zugriff: 01.03.2018)
[11] http://www.bpb.de/nachschlagen/lexika/handwoerterbuch-politisches-system/202075/nationalsozialismus?p=all (Zugriff: 01.03.2018)

5.3 Handlungselemente, die explizit gegen den Nationalsozialismus gerichtet sind

Im Bezug zur übergeordneten Fragestellung dieser Facharbeit, gehe ich nun auf einzelne Handlungselemente des Dramas ein, welche explizit gegen den Nationalsozialismus gerichtet sind.

Vorweg kann gesagt werden, dass das gesamte Stück einen antifaschistischen Entstehungshintergrund hat, doch einzelne Elemente zeigen diesen erwähnten Hintergrund ganz deutlich. Exemplarisch gehe ich nun auf den vierten Akt des Dramas ein, da dieser gleichzeitig die Katastrophe beinhaltet, welche laut der Freytag'schen Dramentheorie den Schluss des Stückes bildet.

Die erwähnte Textpassage beginnt mit dem Zitat, welches auch in der Einleitung der Facharbeit verwendet wurde;

„Denn kein größeres Verbrechen gibt es als nicht kämpfen wollen, wo man kämpfen muß!!"[12]

Diese Aussage von Professor Mamlock initiiert den Kampf gegen den NS, da sich ein Jude nicht nur von der Hitlerideologie distanziert, sondern sich ihr vollkommen entgegenstellt. Da dieser Widerstand Unterstützung benötigt um sich durchzusetzen, arrangiert Wolf es so, dass sich Dr. Inge Ruoff, eine einst überzeugte Hitler-Anhängerin, dem Widerstand Mamlocks mit folgenden Worten anschließt; *„(...) auf welcher Seite sind hier die Kämpfer und auf welcher die Kriecher (...) machen Sie doch die Augen auf (...)!"*[13]. Sie wird anschließend verhaftet, doch dies ist keinesfalls eine Abschwächung des Protestes, sondern nur die Verdeutlichung, dass Nazis unterdrücken statt zu diskutieren. Nachdem sich Mamlock erneut weigerte den Aufforderungen der SA-Männer Folge zu leisten, gipfelt die Katastrophe mit seinem Suizid, *„[Regieanweisung] SA-Posten ist hinzugesprungen, Mamlock (...) hat schnell seinen Revolver, (...) drückt ihn gegen seine Brust. (...) Dumpfer Schuß."*[14] Um diesen Protest gegen NS abschließend

---

[12] Wolf, Friedrich: Professor Mamlock, S. 68 f.
[13] ebd., S. 70
[14] ebd., S. 72

noch einmal zu verstärken, endet das Drama mit der Aussage des Krankenpflegers Simon, dass man kein Protokoll über diesen Vorfall bräuchte, *„denn was (...) geschehen ist, das werde[-, man] nicht vergessen, bestimmt nicht vergessen, niemals vergessen!"*[15].

5.3.1 Damit einhergehende Kritik des Autors

Friedrich Wolf verfasste „Professor Mamlock" nur aus einem Grund, er wollte gegen Hitler und somit auch gegen die Nazis und deren nationalsozialistischem Gedankengut kämpfen. Paraphrasieren könnte man dies, mit Fokus auf das Drama „Professor Mamlock", als Kritik des Autors am NS beziehungsweise mit der Frage, wie sich jüdische Autoren zum NS innerhalt der deutschen Exilliteratur äußerten.

Zunächst lässt sich sagen, dass die Grundhaltung Wolfs bereits vor dem lesen des Dramas deutlich wird; ein Mensch befürwortet nicht den Genozid am eigenen Volk. Basierend auf dieser Aussage, ist der größte Faktor in der Kritik von Friedrich Wolf sein Unverständnis, wie es überhaupt so weit kommen konnte, dass Hitler die Macht ergriff. Ein Beispiel hierfür ist ein Briefwechsel zwischen Wolf und seiner Ehefrau Else; *„Ist dieses Deutschland zu verstehen?! (...) Welche Sintflut muss denn noch kommen? (...) Die Dummheit und die Lüge, das ist am schwersten begreiflich und erträglich. Es wird schwer zu leben sein in Germania (...)!"*[16]. Für Wolf war es also eine Qual zu sehen wie die Nazis durch *„die Lüge"*[17] und dank *„[der] Dummheit"*[18], der Leichtgläubigkeit der Bevölkerung, die Macht ergriffen und damit dem Führer und dem Hakenkreuz den Weg bahnten.

Damit seine Kritik von der Bevölkerung ernstgenommen werden kann, damit sein Antifa-Werk Anklang findet, damit der Hitler-Propaganda Einhalt geboten wird, muss Wolf die Funktion seines Dramas „Professor Mamlock" erklären und dies tut er wie folgt; *„Die Nazis müssen aufgehalten werden!! Dafür steht Mamlock!! (...) das Stück soll vor allem in den deutschen Randstaaten, in Europa und Amerika gespielt werden, um dem*

---

[15] ebd., S. 74
[16] Wolf, Else u Pollatschek, Walther: Wolf, Friedrich: Briefwechsel, Eine Auswahl, S. 61 f.
[17] ebd.
[18] ebd.

Übergreifen des Faschismus auf diese Länder entgegenzuwirken. (...) Meine Missbilligung muss das Volk erreichen: Nicht die Kommunisten seien Helden des Stückes, sondern der bürgerliche Arzt Mamlock – seine »falschen Handlungen« (...) [zeigen das] Gespenst der liberalen Demokratie, den Faschismus, den Nationalsozialismus!!"[19]

Dieses Zitat spiegelt, ergänzt mit meinen vorausgehenden Passagen, in vollem Umfang die Kritik des Autors in dem Drama wider.

6. Résumé

6.1 Persönliches Fazit

Mein persönliches Fazit fällt sowohl für die Erstellung der Facharbeit, als auch für das Lesen des Dramas an sich, sehr positiv aus.

Die Facharbeit hat mir einen ersten Einblick verschafft, wie wissenschaftliches Arbeiten während eines Studiums oder einer Ausbildung aussehen könnte und hat mein Zeitmanagement verbessert, da ein genauer Zeitplan für die Erarbeitung nötig war.

Zudem ist es ein positiver Aspekt, dass ich mir die Thematik selber aussuchen konnte. Ich konnte ein weiteres gelungenes Drama lesen, welches ich sonst vermutlich niemals kennengelernt hätte, und ich habe neues Wissen über die deutsche Exilliteratur gewonnen aus dem historischen Bereich der NS-Zeit.

So kann ich schließlich sagen, dass ich durch die Facharbeit gleichermaßen schulisch als auch persönlich viele wissenswerte Erkenntnisse erlangt habe.

Außerdem möchte ich klarstellen, dass ich nur ein Drama untersucht habe. Es existieren viele weitere Werke, die den inhaltlichen Aspekt von „Professor Mamlock" teilen. Anregungen sind beispielsweise „Des Teufels General" von Zuckermayer oder „Mutter Courage und ihre Kinder" von Brecht.

---

[19] ebd. S. 250 ff., 262

6.2 Sollte dieses Drama Teil des Fachcurriculums Deutsch werden?

Wie ich in Punkt 6.1 schon erwähnt habe, ist „Professor Mamlock" meiner Meinung nach ein sehr gelungenes Drama. Die Intention, welche ich bereits in der Einleitung erwähnt habe, die Friedrich Wolf dabei verfolgte, ist zu bewundern. Ich wurde während des Lesens immer wieder mit dem Gedankengut des Nationalsozialismus konfrontiert und genau dies regte mich dazu an, mich sehr ausführlich mit dieser Thematik zu befassen. Zunächst war ich unsicher, ob ich mir noch einmal die umfangreiche Stoffgeschichte des NS anlesen sollte, doch dieses Drama überzeugte mich davon. Jedoch musste ich mit Erschrecken feststellen, wie viel Zeit die Hintergrundrecherche in Anspruch nahm und daher ist meine Antwort auf die Fragestellung auch ein eindeutiges Nein.

Es ist zwar sehr schade, da ich dieses Drama jederzeit weiterempfehlen könnte, doch es ist meiner Meinung nach organisatorisch nicht möglich, da der Zeitrahmen, der zur ausreichenden Bearbeitung des Dramas in einem Deutschkurs, egal ob GK oder LK, nötig wäre, im Fachcurriculum schlicht keinen Platz mehr findet.

Ein eventueller Lösungsvorschlag meinerseits, wäre bereits aufgearbeitetes geschichtliches Material, damit die Aufarbeitung des historischen Kontextes im Unterricht keine Zeit mehr benötigt.

7. Literaturverzeichnis

7.1 Bücher

- Düwel, Gudrun: Friedrich Wolf und Wsewolod Wischnewski – eine Untersuchung zur Internationalität sozialistisch- realistischer Dramatik, Berlin 1975
- Eke, Norbert Otto: Das deutsche Drama im Überblick, Darmstadt 2015
- Jehser, Werner: Friedrich Wolf – Schriftsteller der Gegenwart Band 17, Berlin 1977
- Jeßing, Benedikt: Dramenanalyse – eine Einführung – Grundlagen der Germanistik Band 56, Berlin 2015
- Markner, Reinhard: Friedrich August Wolf – Studien, Dokumente, Bibliographie – eine Veröffentlichung des Leopold-Zunz-Zentrums zur Erforschung des Europäischen Judentums, Stuttgart 1999
- Müller, Helmut: Schlaglichter der deutschen Geschichte, Bonn 2003
- Pollatschek, Walter: Friedrich Wolf – eine Biographie, Berlin 1963
- Schiller, Dieter: Der Traum von Hitlers Sturz – Studien zur deutschen Exilliteratur 1933 bis 1945, Frankfurt a. M. 2010
- Trilse-Finkelstein, Jochanan Ch.: Stücke gegen den Faschismus – deutschsprachige Autoren, Berlin 1970
- Wolf, Friedrich: Professor Mamlock – ein Schauspiel – Reclam Universal-Bibliothek Band 234, Leipzig/Stuttgart 1976/2009

7.2 Internet

- Bundeszentrale für politische Bildung: Nationalsozialismus: http://www.bpb.de/nachschlagen/lexika/handwoerterbuch-politisches-system/202075/nationalsozialismus?p=all (Zugriff: 01.03.2018)
- DEFA-Stiftung: Filmdatenbank – Professor Mamlock: http://www.defa-stiftung.de/DesktopDefault.aspx?TabID=412&FilmID=Q6UJ9A002LRL (Zugriff: 01.03.2018)

- Judentum-Projekt: Jüdische Geschichte und Kultur – Literatur in der NS-Zeit – Professor Mamlock: http://www.judentum-projekt.de/geschichte/nsverfolgung/disk/mamlock.html (Zugriff: 19.02.2018)
- Kiel, Constanze: Professor Mamlock – Referat/Aufsatz (Schule), Online-Publikation: https://www.hausarbeiten.de/document/104552 (Zugriff: 19.02.2018)
- Wikipedia: Zweiter Weltkrieg: https://de.wikipedia.org/wiki/Zweiter_Weltkrieg (Zugriff: 01.03.2018)

7.3 Sonstige

- Film: Wolf, Konrad: Professor Mamlock – Nach dem Drama von Friedrich Mamlock, DEFA-Stiftung Berlin 1961

BEI GRIN MACHT SICH IHR WISSEN BEZAHLT

- Wir veröffentlichen Ihre Hausarbeit, Bachelor- und Masterarbeit

- Ihr eigenes eBook und Buch - weltweit in allen wichtigen Shops

- Verdienen Sie an jedem Verkauf

Jetzt bei www.GRIN.com hochladen und kostenlos publizieren